Meine Welt, Meine Verantwortung

Abhijit Naskar ist ein gefeierter Neurowissenschaftler, Autor von über 100 Büchern, Weltdichter mit über 1000 Sonetten (englisch) und ein unermüdlicher Verfechter der psychischen Gesundheit und der globalen Harmonie. Mit seinem umfangreichen Bestand an humanitärer Literatur ist er der Gipfel der humanitären Wissenschaft und Poesie der Welt und die lebendige Verkörperung des Multikulturalismus.

Meine Welt, Meine Verantwortung

Hundert Sonette für Meine Weltfamilie

ABHIJIT NASKAR

Build Bridges not Walls: In the name of Americana
The Constitution of The United Peoples of Earth
Lives to Serve Before I Sleep
When Humans Unite: Making A World Without Borders
All For Acceptance
Monk Meets World
Mission Reality
Citizens of Peace: Beyond The Savagery of Sovereignty
Operation Justice: To Make A Society That Needs No Law
See No Gender
The Gospel of Technology
Every Generation Needs Caretakers: The Gospel of Patriotism
Aşkanjali: The Sufi Sermon
Mad About Humans: World Maker's Almanac
Revolution Indomable
When Call The People: My World My Responsibility
No Foreigner Only Family
Hurricane Humans: Give me accountability, I'll give you
peace
Ain't Enough to Look Human
Servitude is Sanctitude
Time To End Democracy: The Meritocratic Manifesto
I Vicdansaadet Speaking: No Rest Till The World is Lifted
Boldly Comes Justice: Sentient not Silent
Good Scientist: When Science and Service Combine
Sleepless for Society
Neden Türk: The Gospel of Secularism
Martyr Meets World: To Solve The Hard Problem of
Inhumanity
The Shape of A Human: Our America Their America
When Veins Ignite: Either Integration or Degradation
Heart Force One: Need No Gun to Defend Society
Solo Standing on Guard: Life Before Law
Generation Corazon: Nationalism is Terrorism
Mucize Insan: When The World is Family
Hometown Human: To Live For Soil and Society
Girl Over God: The Novel (Abi Naskar Adventures Book 1)
Gente Mente Adelante: Prejudice Conquered is World
Conquered
Earthquakin' Egalitarian: I Die Everyday So Your Children
Can Live
Giants in Jeans: 100 Sonnets of United Earth
Vatican Virus: The Forbidden Fiction (Abi Naskar Adventures
Book 2)

Karadeniz Chronicle: The Novel (Abi Naskar Adventures Book 3)
Şehit Sevda Society: Even in Death I Shall Live
Handcrafted Humanity: 100 Sonnets For A Blunderful World
Mücadele Muhabbet: Gospel of An Unarmed Soldier
Making Britain Civilized: How to Gain Readmission to The Human Race
Dervish Advaitam: Gospel of Sacred Feminines and Holy Fathers
Honor He Wrote: 100 Sonnets For Humans Not Vegetables
The Gentalist: There's No Social Work, Only Family Work
Either Reformist or Terrorist: If You Are Terror I Am Your Grandfather
Woman Over World: The Novel (Abi Naskar Adventures Book 4)
High Voltage Habib: Gospel of Undoctrination
Bulldozer on Duty
Find A Cause Outside Yourself: Sermon of Sustainability
Ingan Impossible: Handbook of Hatebusting
Amor Apocalypse: Canım Sana İhtiyacım
Amantes Assemble: 100 Sonnets of Servant Sultans
Mucize Misafir Merhaba: The Peace Testament
Divane Dynamite: Only truth in the cosmos is love
Sin Dios Sí Hay Divinidad: The Pastor Who Never Was
Corazon Calamidad: Obedient to None, Oppressive to None
Esperanza Impossible: 100 Sonnets of Ethics, Engineering & Existence
Mukemmel Musalman: Kafir Biraz, Peygamber Biraz
Himalayan Sonneteer: 100 Sonnets of Unsubmission
Yarasistan: My Wounds, My Crown
The Centurion Sermon: Mental Por El Mundo
Her Insan Ailem: Everyone is Family, Everywhere is Home
Humankind, My Valentine: World's First Anthology of 1000 Sonnets
Aşk Mafia: Armor of The World
Vande Vasudhaivam: 100 Sonnets for Our Planetary Pueblo
Visvavictor: Kanima Akiyor Kainat
Sapionova: 200 Limericks for Students
Rowdy Scientist: Handbook of Humanitarian Science
Insan Himalayanoğlu: It's Time to Defect
Tum Dunya Tek Millet: Greatest Country on Earth is Earth
Either Right or Human: 300 Limericks of Inclusion
Yaralardan Yangın Doğar: Explorers of Night are Emperors of Dawn

Bulletproof Backbone: Injustice Not Allowed on My Watch
Poesía Humanitaria: Cien Sonetos Para Mi Familia Mundial
(Spanisch)
Iman Insaniyat, Mazhab Muhabbat: Pani, Agua, Water, It's All
One
Yüz Şiirlerin Yüzüğü (Türkisch)
Visvavatan: 100 Demilitarization Sonnets

Inhalt

1. Sonett 1

1.

Sonett von El Dorado

Wo ist Eldorado?
Es ist kein Ort,
es ist eine Person.
Wo ist das Himmelreich?
Der Himmel ist kein Ort,
der Himmel sind Menschen.

Wo können wir Freude finden?
Nicht der Markt,
Frieden liegt in guten Taten.
Wo finden wir Gesundheit?
Gesundheit liegt in der Einfachheit,
nicht in Maschinen.

Wo können wir Mut finden?
Mut kommt vom Charakter,
nicht von der Bank.
Was ist der Weg zum Fortschritt?
Nicht durch Luxus,
Fortschritt kommt durch Kollektivität.

Je geringer die Bedürfnisse,
desto besser das Leben.
Verliere dich unter Menschen,
der Weg nach vorne ist Liebe.

16

2. Sonett 2 - 4

2.

Ich bin Mensch
(Das Sonett)

Du hast gefragt: Was ist meine Nationalität?
Ich sage, meine Nationalität ist die Menschheit.
Du hast gefragt: Was ist meine Sprache?
Ich sage, meine Sprache ist Freundlichkeit.

Du hast gefragt: Was ist meine Kultur?
Ich sage, Mensch zu sein ist meine Kultur.
Du hast gefragt: Was ist meine Tradition?
Ich sage, meine Tradition ist Demut.

Du hast gefragt: Woran glaube ich?
Ich sage, Integration ist der größte Glaube.
Du hast gefragt: Was ist meine Religion?
Dienst ist meine Religion - Liebe, mein Glaube.

Ich existiere, wenn du existierst,
Meine Identität ist Liebenswürdigkeit.
Ich bin die Welt, die Welt bin ich,
Ich bin das Spiegelbild der Menschheit.

3.

Sonett des Idioten

Ich wurde nicht in Deinem Land geboren,
Wirst du mich trotzdem als Dein Volk akzeptieren?
Mein Herz, meine Seele, alles ist gebrochen,
Wirst du diesen gebrochenen Menschen als Familie
in deinem Zuhause akzeptieren?

Mein Deutsch ist sehr schwach,
dennoch habe ich viel zu schreiben.
Gute Poesie braucht nur ein schönes Herz,
keine einwandfreie Grammatik oder Wortschatz.

In jeder Nachbarschaft bin ich einheimisch,
Jedes Volk ist mein Volk - jede Kultur, meine Kultur.
Willst du meine Hand halten - Ich lasse meine
Vergangenheit hinter mir, und stehe vor deiner Tür!

4.

Das Sufi-Sonett

Für deinen Wohlergehen bin ich Liebhaber geworden,
Für Ihre Rechte bin ich Revolutionär geworden.
Frag mich nicht, wer ich bin - schau mir
in die Augen, du wirst dein Spiegelbild finden.

Unsere Welt ist eine neue Welt,
Die Seele unserer neuen Welt ist das Gewissen.
Ohne Gewissen sind wir alle gutaussehende Tiere,
Zivilisierte Menschen gefährden niemals ihr Gewissen.

Es gibt keine größere Religion als die Liebe,
keine größere Nationalität als die Menschheit.
Das Leben ist eine Aufzeichnung guter Taten,
wenn nicht, ist das Leben völlige Sinnlosigkeit.

Vereint sind wir Helden, geteilt sind wir Staub.
Vereint sind wir am Leben, geteilt sind wir tot.

3. Sonett 5 - 7

24

5.

Das Anti-Stereotyp-Sonett

Schwarz bedeutet nicht böse.
Weiß bedeutet nicht Müll.
Braun bedeutet nicht illegal.
Muslim bedeutet nicht Terror.

Frauen sind nicht schwach.
Juden sind nicht gierig.
Männer sind nicht pervers.
Schwule sind nicht krank.

Hijab ist keine Unterdrückung.
Sanduhr ist keine Schönheit.
Glaube ist keine Täuschung.
Atheismus ist keine Unmoral.

Annahmen offenbaren nur Oberflächlichkeit.
Jenseits von Stereotypen liegt Menschlichkeit.

6.

Brauntöne
(Das Sonett)

Es gibt keine weiße Haut,
Es gibt keine schwarze Haut.
Über alle Konventionen hinaus,
sind wir alle Brauntöne.

Das Klima macht den Unterschied in der Farbe,
aber nicht im Charakter des Individuums.
Der menschliche Charakter kennt keine Geographie,
Ein Wesen mit Charakter ist vor allem ein Mensch.

Das Konzept der Rasse ist ein übler Mythos, der aus
Unwissenheit und Engstirnigkeit entstanden ist.
Wir leben in einem zivilisierten Zeitalter,
wir müssen all unsere Spaltung aufgeben.

Verwerfen Sie diese Traditionen,
und leben Sie mit der Menschheit.
Lasst uns eine Welt aufbauen,
in der Farbe keine Rolle spielt.

7.

Wundermittel
(Das Anti-Fanatismus-Sonett)

Akzeptanz bringt Harmonie,
Vernunft bringt Lösung.
Solidarität besiegt die Qual,
Charakter besiegt Diskriminierung.
Demut bringt Klarheit,
Vergebung bringt Gelassenheit.
Geduld bringt Hartnäckigkeit,
Das Gewissen bringt Heiligkeit.
Fragen bringen Fortschritt,
Beobachtung bringt Einsicht.
Selbstkorrektur erleichtert Macht,
Verantwortlichkeit ermöglicht den Aufstieg.
Also wach auf und zerstöre allen Fanatismus!
Du bist das Wundermittel gegen Divisionismus.

4. Sonett 8 - 10

8.

Sonett der Feste

Bei Weihnachten geht es nicht um
die Dekoration, sondern um Mitgefühl.
Bei Chanukka geht es nicht um die
Sufganiyot, sondern um Assimilation.

Im Ramadan geht es nicht um
leckeres Essen, sondern um Zuneigung.
Bei Diwali geht es nicht um
die Lichter, sondern um den Aufstieg.

Unsere Welt ist voller Feste,
aber was hat das alles zu bedeuten?
Ein Festival mit kultureller Exklusivität
ist keine Feier, sondern eine Verschlechterung.

Jedes Fest gehört der gesamten Menschheit,
Glück hat keine religiöse Identität.

9.

Mittelklasse-Aktivist (Das Sonett)

Ich kenne die Bedeutung des Sozialismus nicht,
Aber Fortschritt ohne Gesellschaft ist Wahnsinn.
Ich kenne die Bedeutung des Kapitalismus nicht,
Aber die Ausrichtung auf Luxus führt zu Ungleichheit.
Ich weiß nicht, was „aufgewacht" bedeutet,
Aber es gibt kein Leben ohne Gemeinschaft.
Ich kenne die Bedeutung von Philosophie nicht,
Aber der Intellekt ist ohne Sanftmut nutzlos.
Ich besitze nicht viele schicke Gadgets,
Es reicht aus, das Wesentliche zu besitzen.
Ich werde den Mars wahrscheinlich nie betreten,
Auf der Erde werde ich den Verlassenen in Not dienen.
Weder Technologie noch Intellekt können die Welt
verbessern, solange wir der Menschheit nicht den
Vorrang vor allem anderen geben.

10.

Bücher, keine Bomben
(Das Sonett)

Bomben töten Terroristen,
Bücher töten den Terrorismus.
Raketen töten Extremisten,
Achtsamkeit tötet Extremismus.

Waffen töten neue Nazis,
Güte beendet alle Ungleichheit.
Das Gesetz hält Tiere zurück,
Liebe reformiert Grausamkeit.

Sarin verkrüppelt die Bösen,
Selbstlosigkeit heilt Bosheit.
Kugeln töten die Rassisten,
Neugier behandelt Vorurteile.

Revolution durch Gewalt ist nichts Zivilisiertes.
Der Schlüssel zur Zivilisation ist Güte.

5. Sonett 11 - 13

11.

Sonett des Nationenaufbaus

Nation bedeutet nicht Staat,
Nation bedeutet nicht Grenze.
Nation bedeutet Gewissen,
Nation bedeutet Bewusstsein.
Nation bedeutet nicht Gewohnheit,
Nation bedeutet nicht Tradition.
Nation bedeutet Vernunft,
Nation bedeutet willige Inklusion.
Nation bedeutet nicht Gesetz,
Nation bedeutet nicht Politik.
Nation bedeutet eine echte Güte,
Nation bedeutet Bürgerpflicht.
Wilde nutzen die Nationalität
als Entschuldigung für Tribalismus.
Menschen ohne Engstirnigkeit
vertreten den Geist des Universalismus.

12.

Sonett der Kultur

Meine Kultur, deine Kultur,
Schluss mit diesem primitiven Unsinn!
Tribalismus passt vielleicht
zu unseren Vorfahren, aber
er passt nicht zu Wesen mit Gewissen.

Meine Nation ist die größte
aller Nationen der Welt.
Das ist kein zivilisiertes Verhalten,
sondern ein Zeichen von Dummheit.

Der wilde Dschungel oder
die moderne Gesellschaft –
wie soll diese Welt sein?
Wünsche und Gebete bedeuten nichts,
es sei denn, wir handeln
verantwortungsbewusst.

Sich seiner Abstammung zu
rühmen ist eine Tat des Tieres.
Erwache vom Tod,
um ein neues Kapitel zu schreiben.

13.

Selbst und Gesellschaft
(Das Sonett)

Ich und du sind nicht zwei, sondern eins,
Die Distanz zwischen uns ist eine Illusion.
Du und ich atmen die gleiche Luft,
Warum bist du besessen von Spaltung?

Wo der Trost der Unwissenheit ist,
wächst die tierische Täuschung.
Wenn man Vorurteilen nachgibt,
muss die ganze Welt den Preis dafür zahlen.

Selbst und Gesellschaft sind ein ganzes Wesen,
So schaffen wir eine menschliche Welt.
Aber wenn dich das nichts angeht,
bist du nur ein Käfer ohne Gewissen.

Das Wohlergehen der Gesellschaft geht jeden etwas an.
Es ist an der Zeit, der Menschlichkeit Leben
einzuhauchen.

6. Sonett 14 - 16

14.

Sonett der Chemischen Realität

Das Universum ist unser Spiegelbild,
Wir sind das Spiegelbild des Universums.
Was drinnen ist, ist auch draußen,
Was draußen ist, ist auch in uns.

Keine Realität existiert ohne menschliche Kontrolle,
Realität ohne menschliche Kontrolle ist Einbildung.
Geistige Chemikalien erzeugen die gesamte Realität,
Alles kann durch achtsames Handeln verändert werden.

Der Geist ist mächtiger als die Muskeln,
Freundlichkeit ist mutiger als Grausamkeit.
Jede Reform entsteht aus mentalen Chemikalien,
Bewusstsein ist der Samen der Menschheit.

Wahrheit jenseits der Wahrnehmung
ist vergebliche Spekulation.
Konzentrieren wir uns auf das Leben
und verbessern wir die menschliche Verfassung.

15.

Wundermensch
(Das Sonett)

Wasser in Wein zu verwandeln ist kein Wunder,
Es bedeutet nur, dass du betrunken bist.
Ein wahres Wunder ist es, den letzten
Tropfen Wasser mit den Durstigen zu teilen.

Heilen und Helfen sind das höchste Wunder,
auch wenn es die Selbstopferung erfordert.
Ein Sterblicher, der Leid für andere erträgt,
ist das wahre Wunder in Person.

Also wach auf und arbeite, oh Wundermensch,
renne wie der Monsunregen zu den Hilflosen.
Wirf dich den Vergessenen zu Füßen,
Es gibt nichts Edleres und Menschlicheres.

Gebete funktionieren nicht, denn es gibt
keinen barmherzigen Allmächtigen.
Antwort auf alle Gebete ist ein Mensch,
der Menschlichkeit praktiziert.

16.

Kein Übermensch, Einfach Mensch
(Das Sonett)

Alles ist gut, wenn Menschen bei uns sind,
Ohne Menschen ist das Leben Zuckerrohr ohne Zucker.
Alles hat einen Sinn, wenn Menschen bei uns sind,
Ohne Menschen ist das Leben ein Gemälde ohne Farbe.

Menschen sind das Blut in meinen Adern,
Ich kann ohne Sauerstoff atmen,
aber nicht ohne Menschen.
So lebt der Sapiens, der mutig und edel ist,
So spricht das Wesen namens Mensch.

Gemeinschaft bedeutet Einheit der Landsleute,
Einheit bedeutet ungeteilte Güte,
Freundlichkeit bedeutet liebevolle Vernunft,
Vernunft bedeutet gelassene Menschlichkeit.

Sei kein Übermensch, sei einfach ein Mensch!
Es ist wichtiger, freundlich zu sein als recht.

7. Sonett 17 - 19

17.

Überwundene
(Sonett des Fortschritts)

Wo die Nation endet,
dort beginnt die Welt.
Wo das Selbst verblasst,
da beginnt die Gemeinschaft.

Wo der Luxus verkümmert,
gedeiht die Gleichheit.
Wo Vorurteile schrumpfen,
entfaltet sich die Wahrheit.

Wo die Arroganz stirbt,
da beginnt Wachstum.
Wo die Starrheit aufhört,
da beginnt das Leben.

Solch ein wahres Leben
wird für immer verehrt.
Überwundene Vorurteile
sind überwundene Welten.

18.

Nicht Aufgewacht,
Nur Verantwortlich (Ein Sonett)

Ich bin kein Lehrer, sondern nur Liebhaber,
Ich kenne keine Philosophie außer Freundschaft.
Ich bin kein Schriftsteller, sondern nur Revolution,
Ich kenne keine Politik außer Gelassenheit.

Ich bin kein Denker, sondern nur Soldat,
Ich kenne keine Wissenschaft außer dem Aufstieg.
Ich bin keine Autorität, sondern nur Dienst,
Ich kenne keine Poesie außer Inklusion.

Ich bin kein Humanist, sondern nur ein Mensch,
Ich kenne keine Ideologie außer Einheit.
Bin nicht „aufgewacht", sondern nur verantwortlich,
Ich kenne kein Paradies außer Akzeptanz.

Beflecke den Geist nicht mit dem Etikett der Enge.
Wir sind schön, wenn wir unteilbar sind.

19.

Sonett von Palästina

Ich möchte keinen Krieg führen,
Ich möchte nur eine Familie gründen.
Ich möchte kein leeres Mitleid, ich suche
die Menschlichkeit in den Menschen.

Völkermord als Selbstverteidigung zu
bezeichnen, ist reine Lehrbuchdiplomatie.
Unschuldige zu töten, um die Kontrolle zu
behalten, ist ein Akt terroristischer Heuchelei.

Makler können einen Waffenstillstand herbeiführen,
aber sie können uns niemals Freiheit geben.
Sie veranstalten nur Versammlungen, während
wir das ganze Jahrhundert hindurch leiden.

Deshalb sage ich euch, ihr Luxusmenschen:
Schaut uns in die Augen, ihr werdet
euren Trugschluss erkennen.

52

8. Sonett 20 - 22

54

20.

Sonett der Technologie

Technologie ist weder gut noch schlecht,
denn sie kennt keine Ethik und Prinzipien.
Der Hauptzweck aller Gadgets besteht darin,
Algorithmen skrupellos zu befolgen.

Das Problem ist weder die Technologie
noch die kapitalistische Tendenz.
Die wahre Krankheit ist die menschliche
Rücksichtslosigkeit, die in der modernen
Gesellschaft weit verbreitet ist.

Dein Telefon ruiniert nicht deinen Frieden,
du ruinierst deinen eigenen Frieden.
Eine Gesellschaft, die sich der
Mäßigung nicht bewusst ist, verursacht
mit der Zeit ihren eigenen Untergang.

Macht ist nur dann Macht,
wenn sie mit Vorsicht eingesetzt wird.
Bei wildem Einsatz ist jede Macht Gift.

21.

Sonett des Volkes

Was können die Politiker tun,
wenn das Volk es nicht zulässt!
Was kann die Regierung tun,
wenn das Volk es nicht zulässt!

Jede Korruption geht vom Volk aus,
nicht von Politik und Bürokratie.
Korrupte Politiker sind nur ein
Symptom, die wahre Krankheit ist
die populistische Demokratie.

Politik ist zivilisiert, wenn
die Menschen zivilisiert sind.
Aber was wir haben, ist eine
Politik der Schuldzuweisungen.
Geben Sie die Schuld auf und
übernehmen Sie Verantwortung,
Nur dann werden Ihre Kinder
ohne Scham leben.

Die Gleichgültigkeit der Menschen
treibt jede politische Histrionik an.
Bauen Sie Ihren Charakter auf
und es wird keine Politik mehr geben.

22.

Sonett der Traditionen

Die Gesellschaft muss ihre
toten Traditionen abstreifen,
so wie man abgestorbene Haut abstreift.
Alles, was lebt, muss sich weiterentwickeln,
denn Stagnation ist der verkappte Tod.

Der Unterschied zwischen Leben und Tod
liegt im Wunsch nach Evolution.
Schicke Kleidung im prähistorischen Geist
macht Platz für ein schreckliches Aussterben.

Anderen Tieren mangelt es an Gehirnleistung,
um Mängel zu überwinden und besser zu werden.
Aber das Gehirn im menschlichen Schädel
nimmt uns mit auf ein endloses Abenteuer.

Es ist nicht unbedingt alles Gold, was alt ist.
Akzeptieren Sie die Lektionen von gestern
und machen Sie mutig weiter.

9. Sonett 23 - 25

60

23.

Sonett der Stagnation

Stagnationswasser verursacht Krankheiten,
Fließendes Wasser haucht Leben ein.
Stagnierter Geist führt zur Rassentrennung,
Der Geist in Bewegung zerstört die Spaltung.

Stagnierte Luft führt zu Luftverschmutzung,
Eine fließende Brise bringt Verjüngung.
Stagnierte Ideen erzeugen Vorurteile,
Ideen in Bewegung bringen Erleuchtung.

Wir sind keine Spezies,
wir sind eine Familie,
Eine stagnierende Psyche
kann diese Freude nicht spüren.
Öffne deine Augen aus deinem Schlaf der Starre.
In deiner Vision wird sich die Welt vereinen.

Alle Tiere müssen in Stagnation leben.
Nur menschliche Neuronen verfügen über
die Fähigkeit zur Expansion.

24.

Wer ist Wundermensch
(Das Sonett)

Wer ist der Wundermensch,
Können sie Wasser in Wein verwandeln?
Geht ihnen nie das Brot aus,
Können sie Baumwolle
in goldenes Garn verwandeln?

Nichts davon ist wirklich ein Wunder,
All dies sind Fantasiegeschichten.
Als Unwissenheit das Standarddenken war,
definierte Magie die Fähigkeiten einer Person.

Ein wahres Wunder ist ein Akt der Güte,
Nichts ist höher und göttlicher.
Wenn du glücklich dein letztes Brot teilst,
ist das die wahrhaftigste Heiligkeit.

Erhebe dich und überwinde alle
alten Vorurteile und Fantasien.
Bleib standhaft und fördere
das Wunder der Menschheit.

25.

Ich dehne mich aus, also bin ich
(Das Sonett)

Ich dehne mich aus, also bin ich,
Das Denken ist kein Maßstab für Sapiens.
Sogar ein Hund kann denken, was das Beste
für ihn ist, Solch ein Egoismus ist
kein zivilisiertes Dasein.

Expansion macht menschlich,
Inklusion stärkt das Leben.
Vielfalt verschönert die Gesellschaft,
Es gibt keinen Raum für Spaltung.

Vernunft liegt in Selbstlosigkeit,
Selbstsucht ist Unmenschlichkeit.
Wenn die ganze Welt eine Familie wird,
dann ist das, mein Freund, wahre Gemeinschaft.

Lasst uns alle expandieren und die Welt umarmen.
Zeigen wir allen, dass es dem blauen Punkt
nicht an Mut mangelt.

10. Sonett 26 - 28

26.

Das Sozialwohlfahrts-Sonett

Ich habe kein Problem mit dem Kapitalismus,
sondern mit einem Kapitalismus ohne Gesellschaft.
Ich habe kein Problem mit Innovation,
aber mit Innovation ohne Verantwortung.

Ich habe kein Problem mit der Religion,
sondern mit der Religion der Bigotterie.
Ich habe kein Problem mit Intellekt,
aber mit Intellekt ohne Anstand.

Ich habe kein Problem mit dem Aufstieg, aber mit
Fortschritten, die zu Ungleichheit führen.
Ich habe kein Problem mit Politik,
aber mit Politik ohne Verstand.

Keine menschliche Initiative
ist für sich genommen böse.
Das Böse brodelt, wenn wir vergessen,
dass wir durch Spaltung nicht weiterkommen können.

27.

Keinen Thron, Kein Reich
(Das Sonett)

Ich habe keinen Thron,
ich habe kein Reich,
Menschliche Herzen sind
mein himmlisches Zuhause.
Ich brauche kein Abzeichen,
ich brauche kein Zepter,
Vernunft ist mein Freund,
Herzlichkeit meine Postleitzahl.

Ich brauche kein Lob, ich brauche kein Opfer,
Ein Leben im Dienst ist mein Himmel.
Ich brauche keine Belohnung,
ich brauche keine Auszeichnung,
Nichts kann einen Preis für Opfer festlegen.

Ich kenne keine Etikette, ich kenne keine Manieren,
Das sind alles Konstrukte der Oberflächlichkeit.
Die Menschheit sollte das Verhalten bestimmen,
Demut zerstört alle Engstirnigkeit.

Ganzheitlichkeit und Vernunft
zu schaffen ist unsere Mission.
Lasst uns alle Falschheit beenden
und inkarnierte Integration sein.

28.

Sonett der Expansion

Ich erwarte nichts von der Welt,
Ich habe keine Lust, die Gesellschaft zu beeindrucken.
Ich kümmere mich nur um das Wohlergehen der Welt,
Deshalb erfülle ich einfach meine menschliche Pflicht.

Ich habe keine ideologische Loyalität,
Parteipolitik ist mir völlig egal.
Die Welt hat schon genug Konflikte,
Auf eine weitere Dualität können wir verzichten.

Expansion ist der andere Name des Lebens,
Ohne Expansion sind wir tot und faul.
Wenn wir nicht bereit sind, uns weiterzuentwickeln,
Die Menschheit wird bald vergessen sein.

Wenn der heutige Gedanke derselbe ist wie gestern,
Trotz aller Erfolge geraten wir in die Irre.

11. Sonett 29 - 31

29.

Hilfequelle
(Das Sonett)

Weder Christus, noch Krishna, noch Superman,
keine Vorstellungskraft kann die Menschheit retten.
Wir sind die einzige Hilfsquelle der Welt,
Die Erlösung des Menschen liegt in der
Verantwortung des Menschen.

Genug mit diesen Gebeten und Ritualen,
Erwachen Sie nun aus dem Schlaf der Sklaverei.
Als Helden voller Vernunft und Gewissen müssen
wir uns erheben, um jede Unterwerfung zu brechen.

Fortschritt erfordert ein Leben in Revolution,
Selbstverschuldete Sklaverei bringt nichts.
Je mehr du draußen nach einem Retter suchst, desto mehr
verwandelst du dich in einen knochenlosen Schleim.

Von allem Leben auf der Erde ist der Mensch einzigartig, aber
nur, wenn wir Freundlichkeit zu unserer ersten Natur machen.

30.

Adoptiere eine Nachbarschaft
(Das Sonett)

Adoptiere eine Nachbarschaft,
Machen Sie ihre Probleme zu Ihren eigenen.
Dies ist der einzige Weg zum Leben,
Die Hoffnung der Gesellschaft liegt bei Ihnen allein.

Nächstenliebe, Sicherheit und Weltfrieden,
all das sind oberflächliche Theorien.
Wenn Sie lernen, als Mensch zu leben,
werden Sie die Dummheit dieser Theorien erkennen.

Wenn sich unsere Stimmen vereinen,
wird jeder Lärm zur Melodie des Himmels.
Die Freude wird hundertfach verstärkt,
wir verlieren den Sinn für all unsere Lasten.

Integration und Fortschritt
werden von selbst kommen,
sobald Sie Ihre Vision über Ihren
egoistischen Blick hinaus entfalten.

31.

Das Persönliche Sonett

Wenn Sie gehört werden wollen,
müssen Sie lernen zuzuhören.
Wenn Sie vertrauenswürdig sein möchten,
müssen Sie lernen, zu vertrauen.

Wenn Sie wachsen wollen,
müssen Sie Veränderungen annehmen.
Wer glücklich sein will,
muss sein Selbst verlieren.

Wenn Sie lächeln möchten,
müssen Sie lernen zu geben.
Wenn Sie führen wollen,
helfen Sie anderen, zu leben.

Das Gesetz des Dschungels
ist Selbsterhaltung.
Das Gesetz der Gesellschaft
ist der kollektive Aufstieg.

12. Sonett 32 - 34

32.

Sonett der Grundlagen

Gleichheit, Harmonie, Vielfalt,
das sind keine Glaubensfragen.
Genau wie Wasser, Luft und Nahrung
sind dies keine Glaubensfragen.

Die Grundlagen des menschlichen Lebens
liegen jenseits aller kleinlichen Meinungen.
Argumentation mag ihren Platz haben,
aber wir müssen Fakten von Fiktion unterscheiden.

Es gibt viele Köpfe,
ebenso viele Überzeugungen,
Aber Überzeugungen dürfen
die Menschlichkeit nicht untergraben.
Wir alle sind dumm, manche weniger, manche mehr,
Deshalb müssen wir den Menschen den Vorzug
vor der Starrheit geben.

Kein Glaube ist endgültig,
keine Meinung unfehlbar.
Lassen wir alles Gerede über
die Wahrheit beiseite und
lasst uns zunächst einmal menschlich sein.

33.

Liebe Allein Siegt
(Das Sonett)

Große Menschen haben oft gesagt:
Die Wahrheit allein siegt.
Ich bin nur ein einfacher Mensch,
also sage ich, Die Liebe allein siegt.

Die Wahrheit erfordert etwas Intellekt,
Eine Untersuchung erfordert etwas Zynismus.
Liebe verlässt sich nicht auf Intellekt,
Liebe erhellt die dunkelste Nacht.

Behalten Sie Ihren Intellekt, wenn Sie möchten,
und erforschen Sie weiterhin den Bogen der Wahrheit.
Aber alle Fortschritte bedeuten nichts,
wenn unzählige Seelen ohne Nahrung auskommen.

Deshalb sage ich: Es ist viel besser,
ein verrückter Liebhaber zu sein,
als ein herzloser Entdecker.

34.

Heben Sie Andere
(Das Sonett)

Wenn Sie Ihren Geist heben möchten,
heben Sie andere.
Wenn Sie sich selbst helfen wollen,
helfen Sie anderen.

Wenn du Glück finden willst,
vergiss das Glück.
Wenn du Freude entdecken willst,
gib einfach ohne Egoismus.

Sei verrückt, 'crazy', 'loco',
für das Wohlergehen anderer.
Die höchste Tat des Himmels besteht darin,
jemanden aufzumuntern, der leidet.

Besser als Selbsthilfe ist selbstlose Hilfe,
denn der Aufstieg der Menschen
ist der Aufstieg des Selbst.

13. Sonett 35 - 37

35.

Das Erste REIKH

Schwestern und Brüder, ich bin das Erste REIKH -
Reformator, Entdecker, Integrator, Kämpfer, Helfer!
So spricht der Mensch in der Praxis der Menschheit,
Gib trotz aller Qual niemals nach, oh Tapferer!

Ich bin nur ein namenloser Diener
der Hilflosen und Diskriminierten.
Die Ausgegrenzten zu stärken ist
die einfache Mission meines Lebens.

Unabhängig von der Bequemlichkeit darf sich
der Mensch nicht dem Fanatismus unterwerfen.
Nur achtsamkeit bringt Licht,
Vorurteile bringen nur Katastrophen.

Du bist das Erste REIKH, du bist der erste Helfer.
Der Kampf des Einen ist der Kampf aller.

36.

Waffenfetisch
(Das Sonnet)

Als ich Teenager war, glaubte ich,
dass es so cool wäre, eine Waffe zu haben.
Als ich erwachsen wurde, kam mir der Gedanke,
Schusswaffenfetisch ist nichts als Hysterie des Narren.

Waffen machen die Gesellschaft nicht sicher,
genauso wenig wie Atomwaffen den Weltfrieden sichern.
Zivilisten, die persönliche Schusswaffen tragen,
sind nichts weiter als tollwütige Hunde ohne Leine.

Wenn Sie sich Sorgen um Selbstverteidigung machen,
üben Sie täglich irgendeine Form von Kampfkunst.
Ihre Waffe ist nicht nur eine Bedrohung für Sie,
sondern auch eine Bedrohung für Ihre Lieben.

Deshalb flehe ich Sie an,
mein verantwortungsvoller ziviler Freund:
Geben Sie Ihre Waffe auf und
setzen Sie sich für die Friedensstiftung ein.

(Angepasst von "Gun-Fetish, The Sonnet", ursprünglich für
die Vereinigten Staaten von Amerika bestimmt)

37.

Ich werde dich dort treffen
(Das Sonett)

Jenseits von Sprache und Tradition,
Jenseits von König und Nation,
Jenseits von Unwissenheit und Intoleranz,
Jenseits von Feigheit und Kastration,
Jenseits von Furcht und Fanatismus,
Jenseits von Starrheit und Rücksichtslosigkeit,
Jenseits von Wüste und toter Gewohnheit,
Jenseits von logischer Herzlosigkeit,
Jenseits des Deckmantels der Zweckmässigkeit,
Jenseits des Preises der Bequemlichkeit,
Jenseits der Lügen eines eigennützigen Befehls,
Jenseits der Höhen von Launen und Wünschen,
Gibt es ein Tal der Liebe und des Lachens.
Kommt irgendwann einmal, ich werde euch dort treffen.

(Angepasst von meiner Freundin Stella von
"I Shall Meet You There, Sonnet 1319")

14. Sonett 38 - 40

90

38.

Polizei-Sonett

Polizei ist kein Beruf,
sondern ein Schutzversprechen.
Solange Sie das Abzeichen tragen,
müssen Sie die Selbsterhaltung aufgeben.

Die dünne blaue Linie des Dienstes
ist nichts für selbstsüchtige Narzissten.
Wenn Ihr einziges Anliegen die Gesellschaft ist,
können Sie nur dann die Gerechtigkeit wahren.

Ihr dürft nicht zu Manifesten der Politik
und der bürokratischen Brutalität werden.
Schwören Sie nur dem Volk Treue,
das Wohlergehen des Volkes
wird Ihre Menschlichkeit retten.

Im Meer der Selbstsucht sei
der Tropfen der Selbstlosigkeit,
So werden Sie zu einem echten Polizisten,
einer Verkörperung der Gerechtigkeit.

39.

Bürgergerechtigkeit
(Ein Sonett)

Mutig kommt Gerechtigkeit,
nicht nur in der Farbe Blau.
Die Gerechtigkeit kommt mutig,
um diese Welt neu aufzubauen.

Mutig kommt Gerechtigkeit,
um die Unschuldigen zu verteidigen.
Mutig kommt Gerechtigkeit,
aufrecht, rational und leidenschaftlich.

Über Rasse, Religion und Geschlecht
hinweg entsteht Gerechtigkeit.
Mutig kommt Gerechtigkeit,
um Menschenrechtsverletzern entgegenzutreten.

Gerechtigkeit ist keine rechtliche Angelegenheit,
Gerechtigkeit ist eine Frage der Menschlichkeit.
Ungerechtigkeit gegenüber einer Person ist
Ungerechtigkeit gegenüber der Menschheit.

40.
Notlage eines Menschenfreunds
(Das Sonett)

Meine lieben Menschen auf der Erde,
ich sterbe jeden Tag,
damit eure Kinder leben können.
Meine lieben Menschen auf der Erde,
ihr wart lange Zeit egoistisch,
jetzt ist es an der Zeit zu geben.

Meine lieben Menschen auf der Erde,
ich kämpfe jeden Tag für Ihr Wohlergehen
und vergesse dabei mein eigenes Vergnügen.
Meine lieben Menschen auf der Erde,
genug mit dem Tribalismus,
jetzt ist es Zeit, erwachsen zu werden.

Meine lieben Menschen auf der Erde,
ich bin wirklich müde und erschöpft,
alles Unrecht wiedergutzumachen.
Meine lieben Menschen auf der Erde,
kommt mit mir, wir werden eine Welt
schaffen, in der wir alle hingehören.

Ich verspreche,
ich will nicht viel von dir.
Ich bitte Sie lediglich darum,
Ihr Sektierertum aufzugeben.

15. Sonett 41 - 43

41.

Zwei Freiheiten
(Ein Sonett)

Es gibt nicht eine, sondern zwei Freiheiten:
Die eine ist wild und die andere zivilisiert.
Der wilden Freiheit mangelt es an Verantwortung,
Die zivilisierte Freiheit macht uns humanisiert.

Im Dschungel ist Freiheit das höchste Gesetz,
aber eines ohne Rechenschaftspflicht.
Daher ist Ungerechtigkeit die Norm in der Tierwelt,
aber das kann in der menschlichen Gesellschaft
nicht akzeptiert werden.

Verantwortlichkeit ist die Kontrolllinie
zwischen menschlichem und tierischem Verhalten.
Sie brauchen keinen Intellekt, um die Grenze zu ziehen,
Alles, was Sie brauchen, ist ein wohlgeformter
Charakter.

Freiheit muss also von Verantwortung geleitet sein.
Nur dann können wir eine gesunde Gesellschaft
schaffen.

42.

Sonett der Sozialen Gerechtigkeit

Machen Sie sich bereit zu kämpfen,
nicht mit Hass, sondern mit Verantwortung.
Machen Sie sich bereit zu kämpfen,
nicht mit Rache, sondern mit Menschlichkeit.

Machen Sie sich bereit zu sprechen,
nicht als Zyniker, sondern als Sapiens.
Machen Sie sich bereit, aufzustehen und
alle selbstsüchtigen Beschwerden zu überwinden.

Machen Sie sich bereit, sich zu erheben
und alle kleinen Spaltungen zu zerstören.
Machen Sie sich bereit, aufzustehen,
nicht für Rebellion, sondern für Inklusion.

Wenn es zu dunkel ist,
schauen Sie einfach nach innen.
Sie selbst sind das Licht,
das Sie draußen suchen.

43.

Wenn die Liebe erwacht
(Das Sonett)

Wenn die Liebe erwacht, wird auch die Welt erwachen,
denn Liebe ist der Same der Zivilisation.
Wenn die Liebe erwacht, werden die Konflikte enden,
denn Liebe ist das Tor zur Assimilation.

Wenn die Welt zur Familie wird,
wird das Leiden vergehen,
denn Egoismus ist die Ursache des Elends.
Wenn die Seele klar genug ist,
um die Menschheit widerzuspiegeln,
wird sich jede Trennung in Erinnerungen verwandeln.

Wenn der Atem eines Einzelnen zum Atem aller wird,
werden alle grausamen Mauern zu Staub zerfallen.
Wenn es kein „Mein Volk, dein Volk" mehr gibt,
erst dann werden wir endlich menschlich sein.

Wenn das Feuer der Liebe
unser ganzes Leben verschlingt,
wird die Zeit Zeuge des
Aufstands der Menschheit sein.

16. Sonett 44 - 46

44.

Das Verrückte Sonett

Es ist besser, für etwas verrückt zu sein,
als für nichts vernünftig zu sein.
Es ist besser, für einen Zweck zu sterben,
als herumzusitzen und zu beten.

Lieber lieben und ausgebeutet werden,
als selbstsüchtig und betrügerisch zu sein.
Es ist in Ordnung, anderer Meinung zu sein, aber nicht,
einander zu hassen, weil wir anderer Meinung sind.

Es ist besser, ein nichtswissender Idiot zu sein,
als ein besserwisserischer Fanatiker.
Besser ein Charakter ohne schicke Kleidung,
als schicke Kleidung ohne Charakter.

Ohne Einheit gibt es keine Zukunft.
Die ganze Welt ist ein Spiegelbild von uns.

45.

Meine Menschlichkeit besteht darauf
(Das Sonett)

Mein Herz besteht darauf, dass ich nicht
still sitzen kann, bis die Gesellschaft
menschlich ist und somit zu leben beginnt.
Mein Herz besteht darauf, dass ich nicht
in Frieden schlafen kann, bis ich den Frieden
zum Vorschein bringe, den die Welt in sich trägt.

Mein Gewissen besteht darauf, dass ich nicht
aufhören kann zu arbeiten, bis ich die Gefallenen dazu
bringe, sich zu erheben, um ihr Schicksal zu gestalten.
Mein Gewissen besteht darauf, dass ich nicht
aufhören kann zu arbeiten, bis jeder Mensch
seine Hand aus Solidarität ausstreckt.

Meine Seele besteht darauf, dass mein Atem
nicht mein eigener ist, bis ich den im
Elend verlorenen Seelen Leben einhauche.
Meine Seele besteht darauf, dass ich kein
Recht auf meine Adern habe, bis die Adern der
Gesellschaft von der Ungleichheit befreit sind.

Meine Menschlichkeit besteht darauf,
dass das Leben eines Einzelnen das Leben aller ist.
Entweder sind wir eine Familie oder gar nichts.

46.

Das Reinigende Sonett

Was die Welt braucht, ist ein Helfer,
mutig, gewissenhaft und unnachgiebig.
Was die Welt braucht, ist ein Feuer,
Wagemutig, entschlossen und unerschütterlich.

Was die Welt braucht, ist ein Herzensheber,
Radikal, revolutionär und verjüngend.
Was die Welt braucht, ist ein Fluss,
Beharrlich, unaufhörlich und erfrischend.

Was die Welt braucht, ist ein Märtyrer,
Befreit, majestätisch und unsterblich.
Was die Welt braucht, ist eine Blume,
Lebendig, naiv und strahlend.

Die Welt von heute lebt
immer noch in der Gosse.
Es ist unsere Pflicht,
die Welt aus der Gosse zu heben.

17. Sonett 47 - 49

47.

Göttlichkeit zu Verkaufen
(Das Sonett)

Wenn ein Buch zur Religion wird
und ein Dogma zur Göttlichkeit wird,
Heiligkeit zur Spekulation wird,
verliert die Gesellschaft
die Menschheit aus den Augen.

Wenn Institutionen Autorität beanspruchen
und schlafende Massen sich fügen,
verschwindet die Religion vollständig,
Was gedeiht, ist Unmenschlichkeit.

Wenn Päpste und Priester im Namen der
göttlichen Vorherrschaft den Glauben verkaufen,
setzt Starrheit den gesunden Menschenverstand außer
Kraft und Vernunft wird als Blasphemie gebrandmarkt.

Aber es gibt ein Heilmittel für all diese Gräueltaten.
Man nennt es individuelle Neugier.

48.

Hallo Zivilisation
(Das Sonett)

Ohne Verantwortung gibt es keine Zivilisation,
denn sie ist die Grenze zwischen Mensch und Tier.
Ohne Integrität gibt es keine Zivilisation,
denn sie ist die Grenze zwischen Mensch und Gemüse.

Ohne Heiligkeit gibt es keine Zivilisation,
denn es ist die Grenze zwischen Vernunft und Wildheit.
Ohne Empathie gibt es keine Zivilisation,
denn sie ist die Grenze zwischen Mensch und
Maschinerie.

Ohne Gewissen gibt es keine Zivilisation,
denn es ist die Grenze zwischen
Ordnung und Umbruch.
Ohne Charakter gibt es keine Zivilisation,
denn es ist der Unterschied
zwischen Leben und Überleben.

Zivilisation ist ein kleines
Wort mit einem Universum in sich.
Um die Zivilisation zu entfalten,
ist eine Spezies ohne Spaltung erforderlich.

49.

Mein Kampf
(Sonett der Einheit)

Ich bin Fröhlichkeit,
Ich bin Gewissen.
Mein Leben gehört nicht mir,
es ist dein Andenken.

Ich bin Sensibilität,
Ich bin Menschlichkeit.
Das Leben liegt im Dienst,
Selbstsucht tötet die Gesundheit.

Ich bin Inklusion,
Ich bin unteilbar.
Mein Kampf ist die Einheit,
Mensch und Hass sind unvereinbar.

Getrenntes Leben ist erniedrigtes Leben.
Wenn sich das Leben ausdehnt, wächst das Leben.

18. Sonett 50 - 52

50.

Der Analphabet
(Ein Sonett)

Ich bin Poesie,
Ich bin der Dichter.
Ich bin Literatur, und doch
bin ich Analphabetin.

Ich habe keine Intelligenz,
Ich kenne keine Rituale.
Meine Bildung kommt vom Boden,
Meine Bildung macht die Welt gleich.

Trunkenbold bin ich, absurd bin ich,
Der Wahnsinn der Liebe ist Vernunft,
Über alle Kruzifixe und Gleichungen hinweg
ist Liebe die einzige kosmische Bildung.

Es ist gut, das Gehirn zu entwickeln,
Es ist göttlich, das Herz zu nähren.
Mit Intelligenz verdient
man seinen Lebensunterhalt,
mit Liebe verdient man ein Leben.

51.

Das Ganzheitssonett

Freier Wille ist keine Frage der Willenskraft,
sondern eine Frage des Charakters.
Zivilisation ist keine Frage der Etikette,
sondern eine Frage des Verhaltens.

Ordnung ist keine Frage des Rechts,
sondern eine Frage der Rechenschaftspflicht.
Harmonie ist keine Frage der Toleranz,
sondern eine Frage der Inklusivität.

Frieden ist keine Frage der Diplomatie,
sondern eine Frage des Nicht-Sektierertums.
Fortschritt ist keine Frage des Einkommens,
sondern eine Frage des Kollektivismus.

Wenn das Herz ungeteilt ist,
ist die Gesellschaft in Ordnung.
Fragmentierung erfüllt
den Himmel mit Ungleichheit.

52.

Gottloser Kampf
(Das Sonett)

Ich glaube nicht an einen Gott,
der den Hilflosen nicht hilft.
In der gesamten Menschheitsgeschichte
haben nur Menschen den Notleidenden gedient.

Mein Kampf besteht darin, alle Kämpfe zu beenden,
sagt das Wesen von Charakter und Gewissen.
Wenn du voller Liebe deine Hand ausstreckst,
dann manifestiert sich die Zivilisation.

Keine Hilfe ist unbedeutend,
keine Freundlichkeit ist zu gering.
Mit kleinen Schritten werden
wir die Welt humanisieren,
wenn wir jeden Menschen als Familie betrachten.

Kein Gebet kann die Probleme der Gesellschaft heilen.
Das einzige Heilmittel gegen die Erniedrigung
ist die vereinte Menschheit.

19. Sonett 53 - 55

53.

Gestalte die Welt
(Hausmeister-Sonett)

Gestalte die Welt, oh Hausmeister,
Die Welt liegt in deiner Obhut.
Zerbrich die Form, o Held, In zivilisierten
Zeiten reicht Gehorsam nicht aus.

Deine Geschichte ist eine Kriegergeschichte,
Du bist der Krieger, der keine Waffe braucht.
Kugeln sind Kraft für Insekten,
Deine Kraft ist dein Rückgrat.

Eine Person kann einen Krieg beenden,
wenn sie alles dafür gibt, Frieden zu schaffen.
Du bist die Antwort auf die Gebete der Welt,
aber du musst deine Vorurteile im Zaum halten.

Das Leiden der Welt ist vielleicht nicht unsere Schuld,
aber es zu beenden ist unsere existenzielle Pflicht.

54.

Lob, Das Sonett

Indem ich mich selbst lobe,
beleidige ich mich nur.
Indem ich mich selbst befriedige,
bringe ich mir selbst Unglück.

Viele Dinge habe ich gekauft,
viele Orte habe ich bereist.
Nichts gab mir die Glückseligkeit,
die ich suche, egal wie sehr ich bettelte.

Dann hörte ich auf, Dinge zu wollen,
ich hörte auf, mich nach Befriedigung zu sehnen.
Ich habe mich im Dienste der Menschen geopfert,
Endlich habe ich meine Absolution gefunden.

Lange war ich im Schlaf des Stolzes versunken.
Ich löschte das Selbst und fand mein Licht.

55.

Herz Human
(Das Sonett)

Ich bin nur ein einfacher Sufi,
Was mache ich mit Applaus?
Wenn du etwas geben willst,
leih mir eine Ecke in deinem Herzen.

Ich bin nur ein fummeliger Fakir,
Was soll ich mit all dem Gold machen?
Nur mit der Berührung eines gütigen Herzens
werden wir Wohlstand in unsere Welt bringen.

Ich bin nur ein unwissender Derwisch,
ich kenne nicht viel Ayat und Psalm.
Ich weiß nur, dass Liebe der Atem des Lebens ist,
Ohne Liebe ist jeder Fortschritt schädlich.

Rituale und Intellekt werden alle zugrunde gehen,
Was weiterleben wird, ist das Herz human.

20. Sonett 56 - 58

56.

Sonett einer Religiösen Person

Ich habe viele Jahre als Christ verbracht,
aber ich habe Gott nicht gefunden.
Ich habe Jahre als Muslim verbracht,
aber ich habe Gott nicht gefunden.

Ich habe Jahre als Hindu und Sikh
verbracht, aber ich hatte keine Ahnung.
Ich habe Jahre als Buddhist und Atheist verbracht,
aber trotzdem habe ich nichts verstanden.

Ich habe alles getan, Gebete, Rituale, Meditation,
nichts davon brachte mir Gelassenheit.
Denn Gelassenheit lag schon immer zu Füßen
der leidenden Menschheit.

Ich habe alle Schriften beiseite gelegt
und als Mensch dagestanden.
Freundlichkeit allein ist das Zeichen
einer religiösen Person.

57.

Spieler der Starrheit
(Das Sonett)

Starrheit im Namen der Religion wird
diese Welt mit Tränen und Angst erfüllen.
Vorurteile im Namen der Tradition werden
alles Land in einen Friedhof verwandeln.

Lehren sind Wahrheit für die Narren,
Heilige Bücher sind Leben für die Unheiligen.
Ich sage allen Narren und starren Leichen:
Liebe ist das einzige Zeichen der Göttlichkeit.

Es ist in Ordnung, wenn wir die Religion verlieren,
Wir müssen als Menschen stolz dastehen.
Es ist in Ordnung, wenn wir jeglichen
Glauben und alle Treue verlieren,
Wir müssen als Liebende leben,
nicht als fragmentierte Unholde.

Wenn wir von Starrheit besessen sind,
werden wir keine Zukunft haben.
Lasst uns mit Vernunft und
Freundschaft voranschreiten.

58.

Kettenanbetung
(Das Sonett)

Schluss mit der Feier der Selbstsucht!
Schluss mit der Anbetung von Ketten!
Es ist Zeit, die Altäre der Spaltung zu zerstören.
Es ist Zeit, die Primitivität zu vernichten.

Lasst uns alle unsere sektiererischen Idole aufgeben
und eine neue Anbetung
der Liebe und Freiheit beginnen.
Seien wir Propheten und Boten der Harmonie,
Setzen wir uns für Inklusivität ein.

Lasst uns verrückt werden und
alle Gefängnistore einreißen,
Lasst uns mit den Flammen des
Herzens Schlösser zu Asche verbrennen.
Rufen wir die ewige Kraft aus unserem Inneren an,
Lasst uns die letzte Spur unmenschlichen Drecks
aufspüren.

Lassen Sie uns eine edle Anatomie
für die Zivilisation zeichnen.
Lasst uns uns selbst als Eckpfeiler
des Aufstiegs opfern.

21. Sonett 59 - 61

59.

Sonett des Schicksals

Nur wir können das Schicksal gestalten und zerstören,
denn alle Kräfte des Universums sind in uns.
Nur wir können Paradigmen schaffen und brechen,
denn wir sind die Quelle der Schöpfung.

Feiglinge und Gemüse sind vom Schicksal besessen,
während die Tapferen aufstehen und arbeiten.
Wer keine Verantwortung übernehmen kann, verspottet
andere, während die Verantwortlichen keine Zeit zum
Verspotten haben.

Wenn soziale Verantwortung als
unpraktisch abgestempelt
wird, müssen wir wahnsinnig unpraktisch sein.
Aber gefährden Sie niemals Ihre Pflicht,
auch wenn sie von der ganzen Welt unterstützt wird.

Wir sind die Verteidiger der gesamten Gesellschaft.
Ganz gleich wie schwierig es auch sein mag,
wir dürfen unsere Pflicht nie vergessen.

60.

Meine Freiheit
(Das Sonett)

Meine Freiheit liegt nicht im Luxus,
Meine Freiheit liegt auf den Grashalmen.
Meine Freiheit liegt nicht im Palast,
Meine Freiheit liegt in Staubmolekülen.

Meine Freiheit liegt nicht in ausgefallenen Zeremonien,
Meine Freiheit liegt in den Gassen der Obdachlosen.
Meine Freiheit liegt nicht in den Kronjuwelen,
Meine Freiheit liegt zu Füßen der Hilflosen.

Meine Freiheit liegt nicht
in Wandgemälden der Starrheit,
Meine Freiheit liegt jenseits der Qual der Tradition.
Meine Freiheit liegt nicht in den toten Gewohnheiten
der Geschichte, sondern in der lebendigen Gegenwart.

Meine Freiheit liegt in der Zerstörung
aller Schicksale aus zweiter Hand.
Ich bin die fleischgewordene Freiheit
und schreibe meine eigene Realität.

61.

Gesetz des Opferns
(Das Sonett)

Je mehr du Leben gibst,
desto mehr Leben wirst du haben.
Je mehr du Licht gibst,
desto mehr Licht wirst du haben.

Je mehr du dich in anderen
verlierst, desto mehr wirst
du allen bigotten Streit beenden.
Je mehr du den Schmerz für deine
Mitmenschen erträgst, desto mehr
wirst du die Freude am Leben erfahren.

Der schlimmste aller Aberglauben ist Egoismus,
Er verhindert, dass ein Tier ein Mensch wird.
Lass den Geist von allem Egoismus gereinigt werden,
damit unser Herz zum Spiegel für jeden Menschen wird.

Lehne alle Selbstsucht ab, die dich kalt und blind macht.
Opfer ist das Gesetz hinter aller Liebe und jedem Licht.

22. Sonett 62 - 64

62.

Ohne Tränen keine Liebe
(Das Sonett)

Ohne Tränen gibt es keine Liebe.
Ohne Unterschied gibt es keine Vielfalt.
Ohne Verleumdungen gibt es keine Revolution.
Ohne Unannehmlichkeiten gibt es keine Gerechtigkeit.

Ohne Fehler gibt es keine Entwicklung.
Ohne Respektlosigkeit gibt es keine Würde.
Ohne zu fallen gibt es kein Lernen.
Ohne Herzschmerz gibt es kein Herz.

Ohne Dornen gibt es keinen Weg.
Ohne Müdigkeit gibt es keinen Fußgänger.
Ohne die Strapazen gibt es keinen Traum.
Ohne Zweifel gibt es keine Entschlossenheit.

Nur wer unerträgliche Schmerzen
verspürt hat, kann anderen helfen,
ohne einen Gewinn zu erwarten.

63.

Sonett der Bildung

Der Wettbewerb ist für Pferde,
Bildung ist für den Menschen da.
Den Wettbewerb anzustreben bedeutet,
die Bildung zu ruinieren.

Bildung sollte den Charakter stärken
und nicht geldverrückte Snobs großziehen.
Liebe ist nötig, Freundlichkeit ist nötig,
Es reicht nicht aus, schicke Affen großzuziehen.

Bildung zum Geldaufbau ist Scheinbildung,
denn sie unterstützt nur die Selbstbezogenheit.
Charakterbildende Bildung ist echte Bildung,
denn sie ebnet den Weg für wahre Zivilisation.

Man kann gebildet und dennoch
ein dreckiger Wilder sein.
Das wahre Zeichen der Bildung
liegt in der Selbstlosigkeit.

64.

Frieden ist Existenz
(Das Sonett)

Frieden ist keine Aussage,
Frieden ist Existenz.
Liebe ist kein Gefühl,
Liebe ist Bewusstsein.

Bewusstsein ist keine Praxis,
Bewusstsein ist Erlösung.
Mäßigung ist keine Einschränkung,
Mäßigung ist Verjüngung.

Unwissenheit anzuerkennen
ist der Anfang der Bildung.
Scheitern ist nicht das Ende,
sondern der Weg zur Entwicklung.

Umfassen Sie die Ganzheit
des Lebens, alle Macken und alles.
Sie haben alle Macht, die Welt zu behandeln.

23. Sonett 65 - 67

65.

Hass, keine Religion
(Das Sonett)

Christus steht für Liebe und Mitgefühl,
christlicher Nationalismus ist der Tod Christi.
Judentum bedeutet Freiheit vom Hass,
Zionismus bedeutet Nationalisierung des Hasses.

Islam bedeutet, sich für Frieden und
Wohlergehen einzusetzen, Islamismus
ist der Untergang der Synchronisierung.
Sanatana Dharma ist Advaita Sanskriti,
bedeutet eine Kultur des Nicht-Sektierertums,
Hindutva bedeutet gedankenlose Safranisierung.

Intoleranz ist eine weltweite
Pandemie, nur die Terminologien
unterscheiden sich von Kultur zu Kultur.
Der Impfstoff gegen die mächtigsten
Schwerter des Hasses ist der sanfte
Glanz eines hasszerstörenden Herzens.

Gib mir zehn unbewaffnete Gefäße der Liebe
und des Lichts, ich werde den Hass
von seinen Wurzeln des Schreckens ausrotten.

66.

Mensch und Liebe
(Das Sonett)

Wenn Mensch und Liebe dasselbe sind,
Wenn Mensch und Harmonie dasselbe sind,
Wenn Mensch und Inklusion dasselbe sind,
Wenn Mensch und Akzeptanz dasselbe sind,

Wenn Mensch und Vernunft dasselbe sind,
Wenn Mensch und Emotion dasselbe sind,
Wenn Mensch und Pflicht dasselbe sind,
Wenn Mensch und Würde dasselbe sind,

Wenn Mensch und Beharrlichkeit dasselbe sind,
Wenn Mensch und Ausdauer dasselbe sind,
Wenn Mensch und Resilienz dasselbe sind,
Wenn Mensch und Charakter dasselbe sind,

Wenn Selbst und Gesellschaft dasselbe sind,
werden wir an diesem Tag Menschen sein.

67.

Charakter, keine Ware
(Das Sonett)

Charakter, sage ich, ist keine Ware,
die man gegen Luxus eintauschen kann.
Integrität, sage ich, ist keine Ware,
die gegen Sicherheit eingetauscht werden kann.

Tugend, sage ich, ist keine Ware,
die man gegen Applaus eintauschen kann.
Werte, sage ich, sind keine Ware,
die man gegen Komfort eintauschen kann.

Wärme, sage ich, ist keine Ware,
die man gegen Ruf eintauschen kann.
Demut, sage ich, ist keine Ware,
die man gegen Respekt eintauschen kann.

Ein Leben ohne Ehre, sage ich,
ist ein verlorenes Leben.
Ein Leben ohne Liebe, sage ich,
ist ein entweihtes Leben.

24. Sonett 68 - 70

68.

Grenzenlos
(Das Sonett)

Sei bei der Arbeit unruhig,
Sei in der Liebe grenzenlos,
Sei in Zuneigung tief wie der Ozean,
Sei im Dienst vollkommen selbstlos.

Sei in der Tugend weit wie der Himmel,
Sei in der Gerechtigkeit unbestechlich,
Sei in Ehren ohne Kompromisse,
Seien Sie in Integrität unnachgiebig.

Reiße die Mauern der Kultur ein,
Sei voller Mut, sei endlos,
Sei in Mitgefühl sinnlos,
Sei im Charakter grenzenlos.

Das Leben ist zu kostbar, um
es in der Gosse zu verschwenden.
Erweitere dein Herz und
du wirst höher aufsteigen.

69.

Menschen sind definiert
(Das Sonett)

Gemüse wird durch den Komfort
definiert, nach dem es sich sehnt,
Menschen werden durch die Hindernisse
definiert, denen sie trotzen.

Das Fehlen von Hindernissen
ist kein Zeichen von Leistung,
Das Fehlen von Hindernissen
weist auf mangelnde Bewegung hin.

Sogar die Berge verneigen sich,
aber nicht vor selbstsüchtigen Snobs.
Ozeane trennen sich und bilden
einen Weg, nur für diejenigen,
die keine Angst vor Stürmen haben.

Wach auf, erhebe dich, o tapferer Soldat.
Erwache aus dem Tod, die Welt liegt in deiner Obhut.

70.

Der Traum lebt weiter
(Das Sonett)

Chandra Bose hatte einen Traum,
den Traum von einem freien Indien.
José Martí hatte einen Traum,
den Traum von einem freien Kuba.

Martin Luther hatte einen Traum,
den Traum von einem integrativen Amerika.
Auch Naskar hat einen Traum,
den Traum einer ungeteilten Welt.

Mein Gehirn wird bald
nicht mehr funktionieren,
mein Körper wird zugrunde gehen,
aber der Traum wird in tapferen
Herzen weiterleben.

Vorbei sind die Zeiten
nationalistischer Unsicherheit.
Siehe, es ist Zeit für die
Ausbreitung der Menschheit.

71.

Mission Unsterblich
(Das Sonett)

Du kannst meinem Leben ein Ende setzen,
aber du kannst mein Licht nicht auslöschen.
Du kannst alle meine Glieder brechen,
aber du kannst niemals meine Überzeugung brechen.

Meine Stärke kommt aus meiner Überzeugung,
mein Licht kommt aus meiner Einheit.
Der Körper ist nur ein Gefäß für die Mission,
eine Mission, die unsterblich und zeitlos ist.

Damit die Mission Wirklichkeit wird,
muss die gesamte Realität zur Mission werden.
Wenn wir im Körper leben,
leben wir ein paar Jahrzehnte.
Wenn wir in der Mission leben, werden wir unsterblich.

Lassen Sie uns also alle
Selbsterhaltung beiseite legen,
Lasst uns das Rampenlicht vergessen
und das Licht der Liebe sein.

72.

Lächeln vor Pillen
(Das Sonett)

Die einzige Beständigkeit, die wir haben, ist einander,
Das einzige Paradies, das wir haben, ist einander.
Der Himmel ist so real wie wir füreinander,
Die wirksamste Medizin, die wir haben, ist einander.

Ein Moment der Liebe enthält die ganze Zeit,
Selbst hundert Jahre Hass sind keine Tradition.
Eine Rebellion der Liebe verjüngt das Universum,
Aller Gehorsam gegenüber Hass
sind nur tierische Rituale.

Ein Lächeln wirkt sowohl metaphorisch
als auch physiologisch schneller als eine Pille.
Es dauert Stunden, bis Pillen Ihren
Blutkreislauf erreichen, während ein
Lächeln den Schmerz sofort lindert.

73.

Medizin bedeutet
(Das Sonett)

MEDIZIN bedeutet Mitgefühl,
MEDIZIN bedeutet Ethizität,
MEDIZIN bedeutet Duldsamkeit,
MEDIZIN bedeutet Integrität,
MEDIZIN bedeutet Zuneigung,
MEDIZIN bedeutet Integration,
MEDIZIN bedeutet Neugierde,
MEDIZIN bedeutet R(x)evolution.

Medizin ist kein Beruf, es ist
eine Berufung des göttlichen Gewissens.
Ein mittelmäßiger Arzt rettet einen Körper,
ein guter Arzt rettet ein Lebewesen.

Es gibt kein Schmerzmittel,
das so wirksam ist wie die Liebe,
kein Antidepressivum, das so
beruhigend ist wie die Güte.

26. Sonett 74 - 76

74.

Arzt, kein Metzger
(Medizinhymnensonett)

Wir sind die Ärzte, unsere
Anbetung gilt den Kranken.
Wir beugen uns weder vor Politikern
noch vor bürokratischem Mobbing.

Dienst an den Kranken
ist Dienst am Göttlichen.
Es gibt keine größere Göttlichkeit,
als eine menschliche Lebensader zu sein.

Wir kennen keine Grenzen,
Wir kennen die Nationalität nicht.
Patientcare ist unsere Nationalhymne,
Der Lohn der Medizin ist das
Lächeln der Patienten.

Ein toter Arzt verschiebt den Tod,
ein lebender Arzt verbessert das Leben.
Während Metzgerärzte Krankheiten monetarisieren,
streben echte Ärzte danach, das Leben zu stärken.

75.

Vielfalt, kein Trick
(Das Sonett)

Vielfalt ist kein Trick,
Vielfalt ist kein Glaube.
Vielfalt ist Auftrieb,
Vielfalt ist Leben.

Vielfalt ist Vernunft,
Vielfalt macht Freude.
Vielfalt ist Monsun,
nach einer langen Dürre.

Es reicht nicht aus,
von Toleranz zu reden!
Wir müssen das Gefäß
der Einheit sein.

76.

Strahl der Stärke
(Das Sonett)

Das unermessliche Herz ist das höchste Maß,
Alle anderen Maße sind das Dilemma
des Höhlenmenschen.
Was gemessene Geister als Blasphemie betrachten,
halten die Unermesslichen für das
Ende der Kurzsichtigkeit.

Geld kann man erben, aber kein Bewusstsein.
Reichtum kann man erben, aber keinen Charakter.
Wenn das Erbe den Geist apathisch macht, ist es
kein Erbe, sondern eine humanitäre Katastrophe.

Trotze allem Alten und Neuen,
das das Herz entweiht.
Hören Sie auf keine angeborene Angst
und wandeln Sie als Strahl der Stärke.

27. Sonett 77 - 79

77.

Kein Leben ohne Kampf
(Das Sonett)

Ohne Kampf gibt es kein Leben,
Kein Herz ohne Herzschmerz.
Ohne die Reise gibt es kein Ziel,
Kein Mut ohne etwas Angst.

Ohne Verwirrung gibt es keine Klarheit,
Ohne Leiden gibt es keine Gelassenheit.
Ohne Enttäuschung gibt es keine Zufriedenheit,
Ohne Versagen gibt es keine Belastbarkeit.

Keine Achtsamkeit ohne Verwirrung,
Ohne Verwüstung gibt es keinen Aufstieg.
Ohne Unwissenheit gibt es kein Wissen,
Ohne Selbstvernichtung gibt es keine Erlösung.

Ohne Kollektivität gibt es keine Gesellschaft.
Ohne Menschlichkeit gibt es keine Zivilisation.

78.

Das Ermächtigte Sonett

Eine ermächtigte Frau ist
eine ermächtigte Zivilisation.
Traumermächtigt ist Fortschritt befähigt.
Eltern zu stärken bedeutet, Kinder zu stärken.
Die Stärkung von Lehrern bedeutet,
die Zukunft zu stärken.

Um Gerechtigkeit und Ordnung zu verstehen,
müssen wir unsere Impulse
und Vorurteile im Griff haben.
Diskriminierung verschwindet nicht,
wenn wir unsere Augen schließen,
Wir müssen als Gegenmittel
zur Diskriminierung leben.

Unsere Vorurteile und Stereotypen
zu überwinden bedeutet,
die Unmenschlichkeit zu überwinden.
Unser Herz über alle Annahmen
hinaus zu erweitern bedeutet,
die Menschheit zu stärken.

79.

Religion des Lebens
(Das Sonett)

Religion des Lebens ist Leben,
Lebensphilosophie ist Leben.
Bücher können das Wachstum fördern,
aber kein Buch ist ein Leitfaden für das Leben.

Nimm kein Buch als Lebenshandbuch,
Glaube niemandem als Autorität des Lebens.
Weder ich noch irgendeine andere Figur
können der Kompass für dein Bewusstsein sein.

Du bist nur ein Zitteraal,
Du brauchst keinen gebrauchten Strom.
Dein Herz enthält die gesamte Elektrizität,
um die gesamte Menschheit zu erleuchten.

Es ist an der Zeit, alle Lügen
des Autoritarismus zu beenden
und den Sprung des lebendigen Glaubens
über den Divisionismus hinweg zu wagen.

28. Sonett 80 - 82

80.

Pilgerfahrt
(Das Sonett)

Einem Menschen zu helfen
ist hundert Pilgerfahrten wert,
Erobere das Herz,
du wirst die Welt erobern.
Herrlicher als tausend
Berge zu erklimmen ist es,
die Distanz von Herz
zu Herz zu überwinden.

Man kann das Herz nicht erobern,
indem man unter Annahmen handelt,
Man kann Spaltungen nicht überwinden,
indem man ideologisch handelt.

Frieden entsteht nicht durch
eine Ideologiekonferenz,
Frieden entsteht durch
die Vereinigung des Bewusstseins.

Besser ein Verräter an den Toten
als ein Verräter an den Lebenden.

81.

Blut und Grenze
(Das Sonett)

Nationalismus ist moderner Kannibalismus,
Als solcher ist Nationalismus Terrorismus.
Monarchie ist ein Verbrechen,
Die obsessive Blutlinienstörung
ist klinische Barbarei.

Charakter und Exzellenz
sind der Maßstab des Lebens,
nicht irgendein primitives
Konzept von Blut und Grenzen.

Fundamentalismus ist
das Gegenteil von Religion,
Religion sollte Inklusion
bringen, nicht Spaltung.

Nationalismus ist die Schändung
der menschlichen Identität einer Nation,
Die Sicherheit jeder Nation beruht
auf dem kollektiven Aufstieg.

82.

Zenturio-Predigt
(Das Sonett)

Frieden ist ein Akt des Waffenstillstands,
Frieden ist ein Akt der Abrüstung.
Wenn Sie das nicht verstehen, brauchen
Sie Unterricht in gesundem Menschenverstand.

Bier ist keine Tapferkeit,
Waffen sind keine Tapferkeit,
Wirf deine Panzerfäuste im Museum ab,
Riechen Sie die Rosen bei etwas Kaffee.

Werfen Sie Ihre Schriften weg,
fangen Sie mit einer Sportart an,
Sie werden eine Menge über
Ehre und Kameradschaft lernen.

Lassen Sie Ihre Konstitution
hinter sich und beginnen Sie
mit der Gartenarbeit, Sie
werden viel über die Bewahrung
von Leben und Freiheit lernen.

Der Nationalismus ist die größte
Bedrohung für den Frieden.
Der Fundamentalismus ist die größte
Bedrohung für die Harmonie.

29. Sonett 83 - 85

83.

Immer weiter zur Gleichheit
(Das Sonett)

Jemand sagte einmal:
Immer weiter zum Sieg.
Ich sage dir heute,
Immer weiter zur Gleichheit.

Obwohl das Ziel dasselbe ist,
sind die Wege nicht dieselben.
Ich sage es ganz klar: Leben heißt wachsen,
Wir müssen den Weg der Revolution ändern.

Freiheit ist im Leben von grundlegender Bedeutung,
aber kein Unschuldiger darf verletzt werden.
Eine Revolution mit Waffen ist
keine zivilisierte Revolution,
Was wir brauchen, ist eine Revolution im Gewissen.

Deshalb sage ich: Lasst uns alles
für die Gesellschaft opfern.
Lasst uns als Soldaten universeller
Freundschaft aufstehen.

84.

Verrückt, nicht Gefühllos
(Das Sonett)

Ich bin verrückt,
aber nicht unausstehlich.
Mein Geist ist frei,
aber nicht gefühllos.

Ich bin oft unwissend,
aber niemals intolerant.
Ich kenne mich mit Etikette nicht aus,
aber ich kenne Engagement.

Ich bin nur ein sehr naiver Liebhaber,
kein Gelehrter von irgendetwas.
Ich bin nur ein unbeugsamer Krieger,
ich habe keine Zeit für Argumente.

Für die Menschen zu leben ist die Mission.
In der Aufhebung der Gefallenen liegt die Erlösung.

85.

Mein Anblick bist du
(Das Sonett)

Mein Anblick bist du,
Mein Glaube bist du.
Ich gebe dir alles,
Mein Leben bist Du.

In meinem Herzen bist du,
In meiner Seele bist du.
Ich kann ohne Luft leben,
Denn mein Atem bist du.

Mein Himmel bist du,
Mein Schatz bist du.
Ich brauche keinen Palast,
Alles was ich will bist du.

Meine Wissenschaft bist du,
meine Kunst bist du.
Der Morgen meines Geistes bist du.

30. Sonett 86 - 88

86.

Ich bin Multikulturalismus
(Das Sonett)

Ich schreibe nicht
über Multikulturalismus,
ich bin Multikulturalismus.
Der einzige Nationalismus, der mich
interessiert, ist der Multinationalismus.

Ich kann es nicht mehr tun – ich kann nicht!
Eine kleine Sprache reicht nicht mehr!
Ich muss der Himalaya in jeder Sprache sein,
Ich muss in jeder Kultur der Himalaya sein.

Entweder kennen Sie mich
als Nationalhelden jeder Nation,
oder Sie kennen mich überhaupt nicht.

Solange mich ein einzelner
Mensch als Ausländer bezeichnet,
komme ich zu dem Schluss,
dass ich überhaupt nichts erreicht habe.

Es gibt keine Fremden, nur Nachbarn.
Jeder ist Familie, niemand ist Ausländer.

87.

Menschensonett

Emotion zuerst,
Kleidung später.
Einfachheit zuerst,
Souveränität später.

Zuerst Freundschaft,
dann Glaube.
Gott später,
zuerst Güte.

Moral zuerst,
Nationalität später.
Frieden zuerst,
Patriotismus später.

Duldet kein Hindernis
für die Menschheit,
Die Erfüllung des Lebens
liegt in der Einheit.

88.

Dein Kampf ist mein Kampf
(Das Sonett)

Dein Kampf ist mein Kampf, denn
mein Paradies liegt in deinem Lächeln.
Dein Problem ist mein Problem, denn
mein Sieg liegt in deiner Freude.

Ohne dich ist mein Leben kein Leben,
denn ein Leben ohne Liebe ist der Tod.
Ohne dich sind meine Erfolge keine Erfolge,
Ohne dich verliere ich den Mut.

Nur du bist das Licht meiner Augen,
Ohne dich bin ich ein Schiff ohne Kompass.
Du bist die Stärke meiner Adern,
Ohne dich verwandle ich mich in Gelee.

Mein Himmel und meine Erde bist du.
Der Atem meines Lebens bist du.

31. Sonett 89 - 91

89.

Heute
(Das Sonett)

Heute sind wir nicht religiös.
Heute sind wir nur noch Menschen.
Heute sind wir keine Politiker.
Heute sind wir nur noch Menschen.

Heute sind wir keine Intellektuellen.
Heute sind wir nur noch Menschen.
Heute sind wir nicht logisch.
Heute sind wir nur noch Menschen.

Heute sind wir nicht anspruchsvoll.
Heute sind wir nur noch Menschen.
Heute sind wir weder reich noch arm.
Heute sind wir nur noch Menschen.

Ich weiß genau, dass dieser
Tag nicht heute ist.
Komm, lass uns noch heute
mit der Veränderung beginnen!

90.

Bürger sind Antwort
(Das Sonett)

Bürger sind das Problem,
Bürger sind die Antwort.
Wenn sich die Bürger für
den Frieden entscheiden,
wird jeder Krieg verschwinden.

Das Gewissen ist meine Verfassung,
Mitgefühl ist meine Tradition.
Zugehörig ist meine Bibel,
Freundlichkeit ist mein Koran.

Ich wähle Frieden, nicht
weil ich keine Gewalt kenne,
ich wähle Frieden, weil
ich zu viel Gewalt kenne.

Das Gegenteil von Krieg
ist nicht Frieden,
Das Gegenteil von Krieg
ist Selbstlosigkeit.

91.

Herz ist Zuflucht
(Das Sonett)

Wenn die Angst die Oberhand über
die Vernunft hat, werden Vorurteile
als Bewusstsein angesehen,
jeder Atem wird zu sinnloser Luft,
jedes Herz verliert den Puls.

Jedes Herz ist ein Schutz für ein anderes,
Jedes Leben ist Zufluchtsort für ein anderes.
Indem wir alle Spaltungen in Schutt und Asche
legen, werden wir zum Hüter der Welt werden.

Jeder Mensch, der einen Menschen liebt, ist Apostel,
Jeder Mensch, der einem Menschen hilft, ist König.
Tiere können sich an selbstsüchtigem Luxus erfreuen,
Was mich betrifft, ich bin ein dienender König.

32. Sonett 92 - 94

92.

Das Gaza-Sonett

Al-Shams an Alpha Centauri,
alle besetzten Gebiete werden frei sein.
Bis auf jedem Gesicht ein Lächeln
zu sehen ist, ist alles Glück Blasphemie.

Glück ist keine imperiale Ware,
Freiheit ist kein Erbstück des Kolonisators.
Freude ist kein angestammtes
Vermächtnis eines Fanatikers,
Die Erde ist keine zionistische Hinterlassenschaft.

Teile und herrsche ist das Gesetz der Tiere,
Vereinen und integrieren ist das Gesetz der Menschheit.
Ein Menschenleben ist mehr wert
als alle unterirdischen Gasreserven.

Gaza ist kein Ort, Gaza ist ein Weckruf für die
friedensschreiende Menschheit.
Erwacht, erhebt euch, ihr Bürger der Erde –
Bis wir alle frei sind, ist keiner von uns frei!

93.

Der Tod ist Mythos
(Das Sonett)

Der Tod kommt nur einmal,
das Leben kommt jeden Tag.
Jetzt sag mir, was mutiger ist,
der Geist des Lebens oder
die Angst vor dem Tod!

Es gibt kein Leben nach dem Tod,
denn es gibt kein Danach,
es gibt nur das Leben jetzt.
Das Leben zu leben und dabei
die Angst zu überwinden, ist das
ultimative göttliche Gelübde.

Der Tod ist ein Mythos –
der Körper stirbt, nicht der Kampf;
Der Körper ist lediglich
ein Gefäß für die Mission.
Wenn Sie möchten, dass
Ihre Ideen für immer leben,
müssen Sie Ihr Leben
für eine Vision opfern.

94.

Nacht bringt Licht
(Das Sonnet)

Die Nacht bringt Licht,
Verletzung bringt Elixier.
Gale liefert Galanterie,
Wolken bilden Charakter.

Gebrochener Knochen heilt stärker zurück,
Gebrochenes Herz heilt mutiger zurück.
Gebrochener Geist heilt weiser zurück,
Zerbrochenes Leben heilt strahlender zurück.

Narben sind keine Schuldzeichen,
Narben sind Zeichen von Tapferkeit.
Leiden ist kein Scheitern des Lebens,
Leiden ist ein Lebenszeichen.

Solange du nicht zerschmettert bist,
kannst du nicht zum Sultan aufsteigen.
Solange du nicht den Weg verloren hast,
kannst du nicht lernen zu leben.

33. Sonett 95 - 97

95.

Zeit ist Illusion
(Das Sonett)

Zeit ist Illusion,
Nur Liebe ist echt.
Und wenn die Liebe unwirklich ist,
Ist sie mehr wert als
Alle Fakten.

Leben ist Liebe,
Gott ist Liebe.
Geist ist Liebe,
Die Welt ist Liebe.

Entweder ist alles Liebe,
oder es gibt nichts.
Entweder sind wir alle Liebende,
oder wir sind nichts.

Alle Zeit ist Illusion,
es sei denn, sie ist eine
Dokumentation der Liebe.
Das Leben ist nur Illusion,
bis es ein Instrument der Liebe ist.

(Angepasst von meiner Freundin Stella von "Sonnet 1019")

96.

Erste Sprache
(Das Sonett)

Deutsch ist meine zweite Sprache,
Meine Muttersprache ist Liebe.
Neurowissenschaft ist mein zweiter Sinn,
Mein erster Sinn ist Liebe.

Theologie ist mein zweiter Glaube,
Mein erster Glaube ist interreligiös.
Philosophie ist meine zweite Natur,
Meine erste Natur ist die Assimilation.

Elektronik ist meine zweite Leidenschaft,
Meine erste Leidenschaft ist Inklusivität.
Jura ist meine zweite Aufgabe,
Meine erste Aufgabe ist die Kollektivität.

Alle Etiketten sind Zweitetiketten,
Unser einheimisches Label ist „Mensch".
Alle Tradition ist zweite Tradition,
Die Urtradition der Erde ist Mitgefühl.

97.

Weltsieger-Sonett

Ich bin kein Dichter,
Ich bin ein Paradigma.
Ich bin nicht religiös,
Ich bin die göttliche Quelle.

Ich bin mehr als ein Wissenschaftler,
ich bin ein Kompass für die Wissenschaft.
Ich bin kein Philosoph, sondern
eine zielgerichtete Allianz.

Ich bin kein legaler Riese,
sondern ein Tal der gesetzlosen Ordnung.
Über Sieg Heil und Sternenbanner hinaus
bin ich die Welt, ich bin der Sieger.

34. Sonett 98 – 100

98.

Die Botschaft
(Ein Sonett)

Ich will nicht deine Treue,
ich will deine Vernichtung,
deine absolute apokalyptische Vernichtung,
für den Aufstieg der Menschheit!

Ich habe nie als Körper gelebt,
sondern nur als Traum -
Mein Leben ist ein Beweis für
den Traum einer vereinten Erde.

Ich habe keine Botschaft,
denn ich bin die Botschaft –
Opfer ist ein Leuchtfeuer,
das das Universum erleuchtet.

Fakten sind ein Zustand der Materie,
Wahrheit ist ein Geisteszustand.
Wenn Hass die globale Tatsache ist,
bringt Liebe allein Wahrheit und Licht.

99.

Bewusstsein enthält Kosmos
(Das Sonett)

Liebe geschieht unabhängig von Fakten,
Fakten passieren unabhängig von der Liebe.
Wenn Liebe und Fakten zusammenkommen,
entsteht Magie in unseren Adern und Nerven.

Die Wahrheit ist die größte Lüge von allen,
Alle Wahrheiten basieren auf Annahmen.
Wahre Wahrheit ist kein stagnierender Punkt,
sondern eine dynamische Kraft der ewigen Korrektur.

Was das Herz nicht fühlt,
können die Augen nicht sehen.
Es gibt kein größeres Hindernis
für das Sehen als Starrheit.

Das Bewusstsein enthält den Kosmos,
Sobald Sie dies in Ihrem Herzen
spüren, werden alle Antworten,
alles Licht kühn aus Ihren Nerven
und Adern strömen wie Monsunregen.

100.

Wundermigrant
(Das Sonett)

Nenn mich Zigeuner, nenn mich Flüchtling,
Mein Herz ist immer migrantisch.
Ich brauche weder Silizium noch Gold,
Mein Fluch ist die Welt, mein Segen, die Welt.

Auf Sanskrit bin ich Abhijit,
Auf Englisch bin ich Victor.
Auf Arabisch bin ich Ghalib,
In der Geschichte bin ich Reformer.

Nenn mich wie du willst,
Ich existiere in jeder Kultur.
Mir ist der Name egal,
Meine Kultur ist Liebeskultur.

So viele Sprachen, so viele Namen –
Manche nennen es Agua, manche Wasser.
Erobere die Zunge, der Geist ist derselbe -
Manche nennen es göttlich, ich lebe als Mensch.

215

219